L'arracheur de larmes

- 1 -

Khalid MOSSAYD

L'arracheur de larmes

Moments de foi, moments de vie...

- 1 -

Dépôt Légal : 1er trimestre 2016

Contact auteur :
E-mail : khalid3961@yahoo.fr
www.khalidmossayd.com

ISBN : 978-2-35635-114-2 - EAN : 9782356351142

Imprimé en France

Cet ouvrage n'est pas un récit autobiographique. C'est un partage d'expériences, d'émotions et de sentiments. Il est un message aux vivants et aux générations qui vont suivre. Ne faites pas les mêmes erreurs que nous. Prenez de nos vies pour avancer, pour être mieux et pour atteindre l'horizon de la sérénité et du bonheur. La chaîne de la vie est parfois rompue par des transitions et non des échecs. Cela devient des nœuds qui consolident notre expérience et nous amènent une force de cœur qui nous aide sur le chemin de l'existence.

A mes parents, qui ont fait de moi ce que je suis aujourd'hui.
A mes frères et sœurs, si loin mais tellement proches.
A ce signe qui m'accompagne et que je suivrai jusqu'à la fin.
A ceux qui manquent.
A celles et ceux qui ont fait naître ces expériences à travers des rencontres, des vies partagées, des au revoir ou des adieux.

Introduction

Les textes que vous allez découvrir n'ont pas la prétention d'être compris et lus comme une œuvre de littérature. J'ai voulu en faire une œuvre qui regroupe des « *moments de foi* » et des « *moments de vie* ». Je n'apporte rien de nouveau car ce que vous lirez sera aussi le miroir de votre vie avec son lot de bonheurs, de tristesses, de malheurs, d'amours, d'échecs et de transitions. Les expériences sont les mêmes et ce qui fait la différence est la manière avec laquelle nous les racontons.

« *L'arracheur de larmes* » est comme un sentiment inexplicable, qui vous prend et qui vous étouffe face à l'émotion. On ne le maîtrise pas et il entre en nous au moment où l'on s'y attend le moins. Il nous arrache ce que l'on souhaite cacher et il nous renvoie souvent à notre humilité. A quoi bon dissimuler nos sentiments face aux événements les plus durs de notre vie ? Nous les affrontons tôt ou tard, seuls ou accompagnés.

Les histoires racontées ont pour objectif de mener chacune et chacun à une réflexion sur soi. Rien n'est acquis dans la vie. Tout peut basculer et c'est notre capacité à faire face qui nous élève chaque jour. C'est donc avec beaucoup d'amour, d'amitié et de fraternité que je vous présente ce qui fait le sens de ma spiritualité, de ma vie et de mon être.

Ces textes ne seront pas, si Dieu le veut, mes derniers mots écrits. Ce sera le début d'un échange, d'une transmission d'expériences et d'un dialogue entre cœurs. On ne vit qu'une fois et l'on vit plusieurs vies dans une vie mais l'essentiel est de partir en ayant tout donné de son amour, de sa foi et de son être.

Khalid MOSSAYD

Mérignac, le 31 Août 2009

« *Dieu n'impose rien à l'âme qui soit au-dessus de ses moyens. Tout bien qu'elle aura accompli jouera en sa faveur, et tout mal qu'elle aura commis jouera contre elle.* »

Coran,
Sourate 2, verset 286

La Force de la prière

Nous vivons tous ensemble, croyants ou non, dans cette société que nous n'avons pas choisie, mais dans laquelle il faut pourtant évoluer et lutter. Il faut se battre contre soi-même car le Prophète Muhammad (bsdl) nous a tant enseigné ce combat intérieur : un combat contre la colère et ses conséquences ; un combat contre les tentations de tous les jours, lorsque tout à coup la vie s'embellit ; un combat qui ne te brise pas lorsqu'il est mené intelligemment.

Alors, tous les jours que Dieu fait, tu dois trouver du repos et de la force pour ne jamais t'effondrer. Cette sérénité, tu la trouveras, avec certitude dans ta prière... Pour que la prière apaise ton cœur et renforce ton esprit, il te faut d'abord comprendre son sens et sa profondeur. Elle a été le second pilier révélé au Prophète Muhammad (bsdl), afin que les croyants puissent mettre réellement en pratique la sincérité de leur témoignage envers Dieu.

Dans ta prière, il faut tout oublier... C'est difficile, mais parmi ceux qui prient, les meilleurs sont celles et ceux qui font l'effort d'empêcher leur esprit de s'évader ailleurs. Dans ta prière, dans ta mosquée, tu es avec tes frères et tes sœurs qui, comme toi, cherchent le pardon et la protection.

La prière a pourtant un aspect que beaucoup oublient et qui est celui du dialogue, le dialogue avec Dieu. On se confie à Lui car, finalement, Il est Le Seul Vrai Confident parce qu'Il connaît nos cœurs, nos qualités, nos défauts, nos erreurs et nos torts. Il nous voit comme personne ne peut nous voir. Comment notre mémoire peut-elle être si souvent loin de Lui alors que Lui, est si proche de nous ? Il nous parle à travers Son Livre, à travers Ses Livres, source de paix extraordinaire et lorsque nous récitons Ses versets sincèrement, c'est un océan de sentiments inexplicables qui atteint nos cœurs.

Dans ce dialogue avec Le Créateur, il y a cette crainte révérencielle que tout croyant devrait avoir. Il ne s'agit pas de la crainte au sens d'une peur idiote, au contraire, c'est une crainte emplie d'amour, de respect et d'humilité envers Celui qui nous a donné la vie et à qui l'on doit montrer notre reconnaissance.

Avec la crainte, il y a l'envie d'être meilleur chaque jour : plus exigeant avec soi-même, moins négligeant envers ses frères et sœurs. Beaucoup oublient que la prière purifie le croyant. Ce dernier se lave de ses péchés et, plus il intensifie sa proximité avec Dieu, plus il se sent léger, mais plus il s'en éloigne, plus sa prière devient un fardeau.

Finalement, cette prière est autant un cadeau qu'une responsabilité que Dieu a donnée à l'Homme. Elle est un cadeau parce qu'elle efface nos fautes. Elle est une responsabilité parce que dans la manière de l'accomplir, il doit y avoir le respect, la rigueur et la profondeur. Demandons à Dieu que nos prières, chaque jour, chaque nuit, soient pour nous une protection, une lumière. Une prière, pour apprendre à mieux prier.

Caluire-et-Cuire, Juin 2001

S'oublier, vendre son âme

Dans une nuit d'hiver, au milieu de cette foule, au milieu de ce « *désert surpeuplé* », sous un ciel qu'il sentait devenir foudres et flammes, il pensait à ce qu'il a été et à ce qu'il est devenu. Il revoyait ce monde et cette terre immense enveloppée par le vide. Il pensait à sa vie qui roule vers la mort, une vie qui s'éteindra bientôt.

Cette vie, c'est son âme : une âme de mortel qui s'oublie parfois, le temps de se vendre pour un monde de plaisirs, de négligences et d'illusions. Il entend du fond de cette âme une voix inhumaine qui lui dit : « *Rapproche-toi de moi, oublie le Bien et le Mal, ne songe qu'aux plaisirs infinis où nous serons unis !* » Cette voix s'est enfoncée en lui comme une racine dans son coeur, pour lui faire oublier ce qu'il était vraiment : il a vendu son âme.

Saura-t-il un jour qu'il n'y a pas d'ennemis ? Il n'y a que la jalousie des misérables, semblable à la jalousie qui a poussé Iblis à induire en erreur Adam et Eve. Iblis, jaloux du statut que Dieu a donné à l'Homme.

Dans cette nuit d'hiver, il lui a fallu réveiller le feu de l'âme qui dormait sous les cendres du mensonge, de l'oubli et de la solitude. Le seul vrai bonheur qui durera est celui qu'on ressent dans les prières d'où jaillissent parfois des éclairs de lumière qui baignent les nuits de dialogue avec Dieu.

A toutes celles et ceux qui veulent réussir, qui ne veulent pas se perdre dans les dangereuses vagues de la vie, sachez que les épreuves n'existent que pour mieux vous préparer à une nouvelle étape dans la vie. Il n'y a pas d'évolution sans épreuves ; alors aimez l'épreuve comme une Sagesse.

Lyon, Avril 2008

L'être aimé : un vêtement d'amour

Pendant plusieurs années, j'ai cru que l'amour que l'on pouvait éprouver pour un être était toujours porté en soi. Un amour dont je pouvais me contenter, que je saurais maîtriser et que j'apprendrais à développer. J'ai toujours cru aussi qu'aucun être ne serait capable de me faire perdre la raison parce que la foi me permettrait d'aller au-delà de la folie, de la transcender, de la surpasser et de ne jamais la laisser franchir les limites et les frontières de mon coeur. J'y ai cru, malheureusement.

La vie, amenant avec elle les épreuves comme un rouleau compresseur, m'a fait goûter à la souffrance de l'amour. C'est depuis la résonance de cette souffrance que j'ai découvert que l'amour que je pouvais éprouver pour un être n'était pas en moi, mais en l'autre. Lorsque tu aimes une personne, ton amour pour elle n'est pas en toi, mais en elle. Il lui appartient. Elle le possède. Elle a une partie de toi entre ses mains. C'est de cette manière que la souffrance prend tout son sens.

Puisque mon amour pour elle est entre ses mains, elle peut en faire ce qu'elle veut : en prendre soin, l'avoir toujours en son coeur en toutes circonstances, le négliger, l'oublier, le détruire, l'ignorer, le salir... Les mots ne suffisent pas pour décrire tout ce qu'on peut faire de l'amour. Terrible souffrance que celle de l'amour. J'ai lu des centaines de fois que « *la vie de couple est la plus belle épreuve de la vie* ». J'ai lu des centaines de fois que « *vous êtes un vêtement pour elles, elles sont un vêtement pour vous* ». Je l'ai lu et je l'ai vécu. Je n'ai, malgré tout, jamais désespéré de l'amour et de la vie à deux.

Ce qu'un homme peut donner à une femme est tellement unique. Ce qu'une femme peut donner à un homme, aucun être sur terre ne saurait lui donner. Personne ne sait aimer un homme comme une femme peut avoir envie d'aimer. Personne ne peut être fidèle à un homme comme une femme sait l'être. Chaque femme est unique, sensible à sa manière et attachante à en mourir.

Ce vêtement d'amour, je le veux plus que tout au monde parce qu'il contribue à mon équilibre, parce qu'il m'aide à me fixer des objectifs, à construire et consolider le respect. Chaque jour doit être différent et chaque jour l'être aimant doit apprendre à être vigilant aux moindres doutes et tristesses de l'être aimé. Néanmoins, je sais que ce vêtement, lorsqu'il nous plaît, on veut le posséder ; parce qu'il est neuf, on a plaisir à le porter ; lorsqu'il s'use, on ne veut pas s'en séparer, mais nous sommes tentés de le remplacer ; lorsqu'il se déchire, on a honte de le porter et on n'a qu'une envie, c'est le jeter, comme si l'on ne l'avait jamais porté.

Aujourd'hui, je souhaite que mon vêtement d'amour soit l'unique vêtement qu'il me plaise à porter. Si tu me plais, je me donnerai les moyens de te porter en mon coeur. Parce que tu seras nouvelle et que j'aurai plaisir à t'aimer, je ferai que chaque jour soit différent. Si tu venais à t'user, j'emploierai tout mon amour à te rafraîchir pour que ton énergie des premiers instants revienne. Je ne laisserai pas la tentation de la beauté me donner l'opportunité de te remplacer. Si tu te déchires, je serai blessé et je mêlerai ma blessure à ta déchirure pour que ta douleur et la mienne se parlent, pour que mon coeur et le tien s'accrochent aux miettes d'amour qui subsisteront. Je ferai de ma blessure une cicatrice en forme de coeur et je ferai de ta déchirure une douleur vaincue par mon amour. Je ne sais pas encore qui tu es, ni par quelle porte tu entreras, mais cette promesse que je fais vient de se graver dans le temps qui me reste.

Beaucoup pensent encore que la séparation est un échec. Pour moi, l'échec, quel qu'il soit, demeurera toujours une transition. Vivre dans l'attitude de l'échec te mettra toujours à terre. Vivre les épreuves comme une transition te pousse à avancer, à regarder par-delà la montagne qui te sépare de la délivrance.

L'épreuve est un ennemi lâche, loyal et qui te grandit si tu l'as vaincu. L'épreuve est lâche parce qu'elle t'atteint par derrière et tu ne la vois pas arriver. Elle est loyale parce qu'elle ne souhaite pas te tuer ; elle t'assomme et reste à tes côtés. Elle te laisse la possibilité de la vaincre. Lève-toi ou reste couché. Elle te grandit parce que ta victoire sur elle t'ouvre les portes d'une nouvelle réalité, d'une nouvelle vision et d'un nouveau chemin.

Ce sera donc sur ce chemin, avec le poids de mon destin, sur les sentiers du monde, avec la force de ma foi, les enseignements de mon passé et la présence de l'être aimé que je construirai de nouveau.

Il n'y a pas d'amour sans épreuves. Je gravirai chaque montagne pour être plus fort chaque jour. Ma force sera au service de l'être aimé, pour la protéger du mal, des ennemis invisibles et lâches, pour qu'elle trouve en mon coeur le repos infini dont elle a toujours rêvé.

Abbaye de Sept Fons, 17 Mai 2009

Frère Joachim

J'ai vu ce jour-là, dans le regard de Frère Joachim la profondeur d'un être de foi. Nous sommes différents dans nos dogmes et nos rites, mais nos valeurs et le sens que nous donnons à cette vie nous unissent. Il faut toujours du temps pour comprendre que l'autre, dans sa différence, peut être un bien pour soi. On ne perçoit souvent la différence que comme un défaut. Ce qui ne nous ressemble pas nous fait peur et la seule manière de transcender cette peur est d'être curieux, d'aller vers l'autre pour connaître l'origine de sa différence et pour ainsi le comprendre.

Je me souviens qu'étant au collège, l'assistant de notre professeur d'anglais, venu tout droit des Etats-Unis, nous avait projeté un concert de gospel qui se déroulait dans une église. Je voyais ces gens heureux, sincères et pleins de ferveur.

Malgré cela, de nombreuses questions se bousculaient dans mon esprit : comment peuvent-ils être dans l'erreur en étant si sincères ? Comment Dieu peut-il les envoyer en Enfer alors qu'ils sont dans ce qui leur semble être la vérité ? C'était tout le problème de la justice de Dieu que j'essayais de comprendre. Grandes questions dans l'esprit d'un petit garçon. Comme si cela ne suffisait pas, l'assistant d'anglais me posa la question : « *Il n'y a pas cela dans vos mosquées n'est-ce-pas ?* ». Je ne pus lui répondre. Mon questionnement était ailleurs.

Les années passèrent, et plus j'apprenais à connaître ma foi, mieux j'apprenais à comprendre les autres avec tout le sens que chacun peut donner à sa vie. Fondamentalement, l'être humain, quel qu'il soit, ne sera jamais jugé sur ce qu'il a été. Il sera jugé sur ce qu'il a fait. Seuls comptent les actes et leurs intentions. Alors j'observai Frère Joachim prier avec tous ses autres frères. Ils se rassemblaient pour prier sept fois par jour dans cette chapelle dont le silence était chargé de recueillements. Ils priaient à leur manière et moi à la mienne. Nous étions tous deux à la recherche du pardon, avec l'effort d'être mieux chaque jour.

Avec Frère Joachim, je compris de manière plus intense la sagesse du silence. Je compris sans qu'il me parle, l'humilité et ses exigences, le respect de la méditation de l'autre et la patience dans les moments de solitude. Tout est effort sur soi. Le silence à table trois fois par jour ; le silence dans les prières ; le silence des chapelles et des églises qui contraste parfois avec le silence des mosquées ; le silence dans ma chambre, dans cette petite cellule où il y avait l'essentiel : un lavabo, un lit pour dormir, une table pour écrire et le sol qui me servait d'endroit pour prier.

Dans ce silence, je pris conscience pendant quelques secondes seulement, que je n'étais qu'un souffle de vie et le seul bruit que j'entendais était ma percussion intérieure, les battements de mon cœur. Il est parfois vital pour l'être humain de se retirer quelques temps de cette vie qui le prend, se retirer pour mieux y revenir avec un plein de sérénité, de recul et de confiance en soi. C'est une retraite temporaire pour revenir à soi. Même si nous n'avons pas tous cette notion de « *retraite spirituelle* », chacun a ressenti au moins une fois l'envie de s'isoler un temps pour échapper au tourbillon de cette vie, s'isoler pour refaire connaissance avec soi, pour se reconnaître afin de ne pas se perdre.

Cette retraite, j'avais choisi de la faire au milieu de gens différents parce que je savais que dans cet espace, la différence allait m'enrichir. Parfois la différence disparaît dès le moment où l'autre a touché notre cœur. Je me souviendrai toute ma vie de cette lettre venant d'une jeune fille catholique. Elle écrivait, qu'après avoir entendu dans sa voiture, à la radio locale, une chanson racontant l'histoire tragique d'un jeune musulman, elle se mit à pleurer. Les larmes étaient telles qu'elle dut s'arrêter sur le bas-côté pour pleurer, ne pouvant plus conduire. « *Nous vivons la même foi* », écrivait-elle. Elle ne voyait aucune différence dans nos messages respectifs. C'est si facile de se comprendre dans nos différences si l'on sait s'écouter. Frère Joachim, Père Baillif, Christelle, il n'y aura jamais de fossé entre nous tant que j'apprendrai de vous et que vous apprendrez de moi.

Lille, le 13 Juin 2009

Marrakech

Il arrive parfois qu'on supporte mal qu'une situation nous échappe, que notre analyse soit limitée ou que trop d'éléments nous empêchent d'avoir une vision globale. C'est ce qui arrive souvent lorsque je me mets à observer cette ville où je suis né, une ville avec son attirance énigmatique, sa magie et ses contradictions.

Lorsque vous commencez à arpenter ses boulevards, ses rues et ses ruelles, vous comprenez que Marrakech appartient à tout le monde et personne ne peut en revendiquer la propriété. Elle appartient autant aux puissants qu'aux humbles. Les puissants viennent y chercher les honneurs, l'occasion de devenir plus riches sans doute et les rivalités éternelles des gens de pouvoir. Les humbles veulent y vivre, tout simplement, pour y préserver cette simplicité qu'on peut découvrir autour d'un verre de thé, autour d'une belle histoire ou autour d'une rencontre sincère et respectueuse.

Marrakech n'est pas le Maroc et le Maroc ce n'est pas Marrakech. Marrakech est tout simplement... Marrakech. C'est cette personnalité unique en son genre qui renferme le secret de son attirance et qui a fait d'elle, aux yeux de certains, La Mecque du tourisme de l'Afrique du Nord, la destination où l'on doit aller au moins une fois dans sa vie. Les touristes du monde entier viennent s'y bousculer. Pourtant on dit bien que : « *qui n'a pas été à Marrakech n'a pas été au Maroc* ». Mais alors, que viennent réellement y chercher les gens ? Plus vous marchez dans ses rues et moins vous le comprenez. Sa célèbre place est un mélange d'exotisme, de surprises, de magie qui vous transporte vers un monde étonnant : un moment de frissons, de délices et d'inquiétude parfois. Pour ceux qui y sont déjà allés, Marrakech est le passeport de l'amitié outre-méditerranée. On échange nos histoires, nos impressions, nos souvenirs et tout va bien.

Certains touristes gardent de cette ville un souvenir inoubliable. D'autres en sont déçus, parce que sans doute ils sont venus avec à l'esprit le mythe des Mille et Une Nuits. Il est vrai qu'on peut être touché, au détour d'un coin de rue, par la vision d'une femme assise à même le sol, son enfant dormant à ses côtés, épuisés tous deux par la misère et la pauvreté. Mais les rues de Marrakech sont-elles différentes des rues de Paris, de Lyon ou de Londres ?

On trouve une explication à la misère lorsqu'elle est chez nous mais elle nous glace lorsqu'elle vient gâcher le paysage de nos vacances. Etrange attitude. Le devoir de solidarité et de générosité doit être partout à la seule condition de donner de ce que l'on aime, de ce qui nous est le plus cher et non pas d'aller chercher un fond de poche pour se donner bonne conscience.

Vous pouvez essayer de simuler une ambiance et voir les autres sous un autre jour en vous promenant avec de la musique dans les oreilles. Que ce soit une Sourate du Coran, une chanson mélancolique de Zaho, une mélodie du King of Pop ou les envolées lyriques de Enya, l'émotion de la vision sera la même. Quel que soit le son avec lequel vous marcherez, Marrakech vous dominera. Qui plus est, au moment où se dressera devant vous le minaret de la Koutoubîa, vous resterez admiratifs et humbles à la fois, ce minaret qui vient rappeler aux mauvaises langues que cette ville a une âme que nul ne saurait lui enlever.

Marrakech c'est aussi ce fameux soir où je sortis pieds nus de la mosquée Moulaye Al-Yazid après la Prière du Coucher (*Al-Maghrib*).
Certains dirent : « *Quelle honte ! Te voler tes sandales à la mosquée !* ». Je préférai croire que quelqu'un

avait confondu les miennes avec les siennes ; après tout, le coucher du soleil passé, on a le droit de confondre entre des dizaines de sandales noires. Le commerçant qui se trouvait à la sortie de la mosquée me regarda avec un sourire qui m'amusa. Il me proposa gentiment de monter sur sa mobylette pour m'emmener acheter des sandales de rechange. Son attention me toucha. Nous nous enfonçâmes dans le dédale des ruelles et il était heureux de me rendre service. J'achetai d'autres sandales, en plastique cette fois et pas en cuir. Il repartit en me saluant chaleureusement, sans rien demander, même pas mon prénom. Cette ville c'est aussi çela : une rencontre, comme un vent apaisant qui t'amène et qui repart.

Les gens marchent, se promènent, parlent, crient parfois, tentent de se séduire et il y a toujours ce rouge éclatant que portent de nombreuses femmes. Elles peuvent le porter en robe, en foulard, en chemise, un rouge vif qui contraste avec le « *rouge Marrakech* ». Je n'ai jamais vu autant de femmes porter un tel rouge qu'au Maroc. La couleur du drapeau peut-être. Certains de celles et ceux qui marchent transpirent la béatitude, le bonheur, la joie. Pourtant on arrive à lire dans certains regards une déchirure, des rêves brisés de gens qui se mettent en scène et qui font semblant. Les contradictions, comme dans toutes les villes du monde ne manquent pas.

Je me souviendrai toujours de cette nuit où cette jeune fille rencontrée au hasard d'un boulevard, sur un banc qui respirait la solitude, me sembla être le symbole même des contradictions de Marrakech. Elle s'appelait Qamar. Elle disait : « *Je suis une femme qui rend les hommes heureux* ». Cette définition d'elle-même la contentait et la rassurait presque. Certaines personnes font ça. Elles donnent une définition légale à ce qu'elles font pour se donner bonne conscience. A la question :

« *Comment vois-tu ton avenir ?* » ; elle répondit avec un appel au secours saisissant dans son regard : « *Je veux ce que toute femme veut : épouser un ouldannass (un garçon de bonne famille), que je puisse aimer et qui soit fou de moi.* » Elle ricana ensuite à cette idée. Elle tourna son regard malicieusement et dit : « *Tu es un ouldannass toi, ça se voit.* » Mais malgré tout, elle n'était pas encore prête pour cette vie dont elle rêvait. Décrocher était encore impossible.

Que pouvais-je faire ? L'Appel de la dernière Prière retentit. Je lui ai donnai les meilleurs conseils qu'un frère puisse donner à sa sœur. Je lui promis une prière qui n'aurait de sens que par la force de sa volonté. Qamar se glissa au fond de ce Night Club pour n'en ressortir, épuisée par le plaisir des hommes, qu'au petit matin. A l'heure où d'autres se levaient pour travailler, elle rentrait dormir dans sa petite chambre. Plus tard, certains dirent qu'elle s'en était sortie et qu'elle travaillait comme esthéticienne, toujours pour le bien-être des gens. D'autres dirent qu'elle avait trouvé son « *ouldannass* » et qu'il était fou d'elle. D'autres enfin dirent que Qamar n'était plus là, et qu'elle reposait en paix au cimetière de Rabat, sa ville natale.

Marrakech et ses secrets, ses espoirs et ses rêves qui se réalisent, ses confusions… Seules les intentions comptent n'est-ce pas ? Alors soyez en paix si vos intentions sont sincères.

Marrakech, le 11 Août 2009.

Innocence

J'aurai toujours à l'esprit le souvenir de cette jeune fille qui avait enfoui en elle de drôles de rêves et un étrange idéal. Elle semblait être arrivée à un âge où il lui paraissait normal de prendre la décision la plus importante de sa vie : l'envie enfin de faire confiance à un homme. Les femmes ressentent cela comme une révélation de manière plus prononcée et parfois plus précoce que les hommes.

Elle avait donc sans cesse à l'esprit la beauté de l'amour, l'envie d'aimer, de partager, de vivre, tout simplement et, surtout, de s'engager vraiment. Comme ce sentiment prenait forme de manière nouvelle et inattendue en son cœur, elle avait développé une curiosité maladive. Une innocence drôle et attachante à la fois. Malheureusement, l'innocence provoque des conséquences et des ravages irréversibles dans le cœur à partir du moment où elle est suivie de près par l'ignorance. Innocence et ignorance peuvent nous briser doublement.

Elle n'envisageait pas son engagement dans l'amour sans le cadre du mariage. Cela lui paraissait dénué de sens si cette condition n'était pas remplie. Elle avait un idéal qui n'était pas figé, mais il fallait au moins que cet idéal soit riche des mêmes principes qu'elle. Parfois elle se voyait avec un homme d'affaires pour être à l'abri du besoin ; parfois avec un professeur pour s'enrichir intellectuellement ; parfois avec un homme simple et modeste qui l'aimerait, tout simplement. Chaque envie laissait place à un idéal différent. Elle avait connu des hommes en qui elle avait essayé de trouver son idéal, mais aucun ne lui correspondait. L'un voulait s'amuser, l'autre était archaïque, celui-ci était resté un enfant. Ce qui était étonnant, c'est que chacun était accueilli avec une grande sincérité et une terrible insouciance comme si elle avait oublié que le précédent avait existé. Elle ne souhaitait pas tirer de leçons. Elle se disait que chaque homme était différent et que le dernier n'avait pas le droit de subir l'échec du premier.

Au fil du temps, elle prenait conscience que plus elle était exigeante, plus son idéal s'éloignait. Les années défilent, ramenant avec elle l'angoisse du temps qui passe et ce vide soudain. Son regard fixait l'horizon et ne voyait rien de cet idéal dont elle rêvait. Pourtant, beaucoup sont venus à elle, parce qu'elle était belle, désirable et parce que sans doute elle correspondait aussi à leur idéal. Mais elle voulait un homme qui puisse aimer son cœur et pas uniquement son corps. Il est difficile de comprendre pourquoi le temps oblige certaines femmes à faire des concessions et à oublier leurs rêves quand l'illusion d'un idéal vient à elles. Se mentir à soi-même est le début d'une grande douleur que l'on ne retient pas longtemps.

Finalement, elle décida de rester dans ses rêves. Elle se disait qu'ils étaient plus doux que la réalité, une réalité qu'elle ne souhaitait pas affronter. Son âme était pure parce qu'elle avait gardé des traces indélébiles d'un cœur d'enfant avec toute l'innocence qui le caractérise. Vivre seule ou accompagnée, elle a choisi la solitude. Libre dans ses rêves, elle craignait de devenir prisonnière de la réalité, enchaînée par un amour qui effacerait à jamais l'image qu'elle en avait. Elle voulait un homme qui sache manipuler ses émotions avec douceur, un homme qui chaque jour l'aimerait davantage, avec qui elle s'évaderait. Dans sa solitude, elle espère ; dans ses prières elle implore, parce qu'elle a droit à ce bonheur.

Lyon, le 19 Mai 2009.

Partirai-je en paix ?

Pendant plusieurs années, j'ai fait ce rêve assez particulier, celui de mon deuil, de mes propres funérailles. Un rêve assez morbide, mais une étrange sensation de se sentir disparu, de ne plus être, de n'être qu'un esprit, une âme qui flotte et qui voit ce qui se passe autour d'elle.

Le sentiment d'avoir fait si peu sur cette terre me torturait à chaque fois, avec l'envie de revenir pour faire davantage, pour me sacrifier plus, pour réparer, pour suivre de nouveau un destin inachevé. Quelle terrible ennemie que la Mort ! Nous la connaissons tous, nous ne pouvons l'éviter et pourtant nos actes ne changent pas, sauf pour celles et ceux qui l'ont frôlée de très près.

Dans ce rêve, je voyais le Bien à ma droite et le Mal à ma gauche, comme si quelqu'un avait saisi chaque minute de ma vie. « *Si j'avais su...*», me disait une petite voix. Ces représentations du bien et du mal étaient tellement abstraites et réelles à la fois, que mon esprit avait du mal à discerner la netteté de ces images, comme si soudainement je me noyais dans un flot infini de souvenirs.

Je voyais aussi du monde autour, des proches, des moins proches, des ennemis et des inconnus. Il y avait ceux qui m'ont aimé, que j'ai aimés, qui m'ont haï mais pour qui je n'ai jamais eu d'aversion. Etrange sensation que de voir sans être vu. Partirai-je en paix ? Aurai-je vraiment tout fait pour servir Dieu et être fidèle à mes principes toute ma vie ?

Plus le temps passe, plus j'ai l'impression de ne pas en avoir fait assez, alors que chaque jour je souhaite faire davantage. Chaque montagne que je gravis, chaque épreuve que je surmonte, me dessinent au loin une autre montagne, une autre épreuve et, lorsque je me retourne, je vois le chemin parcouru et cela me donne la force d'avancer. La vie est ainsi faite. Il est bon parfois de prendre le temps de regarder en arrière, sans regrets, avec la satisfaction de rendre meilleur notre avenir, à défaut de changer le passé.

Dans le creux de mon rêve, j'ai vu le scénario de ma vie : le bonheur dans ma famille, la réussite, l'amour, les choix, les erreurs, l'errance, l'oubli, le bonheur à nouveau et un terrible sentiment de vulnérabilité. A la fin de ce voyage dans les profondeurs et les abîmes de mon être, j'ai vu l'apparence d'un homme à deux visages, un homme que j'avais l'impression de connaître. C'était mon reflet dans un miroir. C'était moi sans être moi. Je lui ai demandé : « *Qui es-tu ?* » Il m'a répondu : « *Je suis ta vie, ton oeuvre, ton bonheur, tes réussites, tes échecs, tes transitions. Je suis tout ce qu'il y a de bien en toi. Je suis tout ce qu'il y a de mal en toi. Je suis toi sans être toi. Je suis ce que tu représentes, pas ce que tu apparais. Je suis ce que tu es vraiment.* » Terrible frayeur que de se découvrir de cette manière. Le mieux dans cette vie est sans doute de lutter chaque jour pour rester fidèle à ce qu'on est, afin de ne jamais être prisonnier du regard des autres, faire le bien pour soi-même et réparer le mal pour les autres et se sentir libre.

Lyon, le 03 Janvier 2009

Deux esprits, un coeur

Aimer est décidément un état qui nous surprend chaque jour. On a l'impression de l'avoir compris tellement on a vécu de choses belles ou douloureuses. Beaucoup se disent qu'ils apprendront à aimer avec raison pour ne plus souffrir, d'autres sont animés par l'envie de toujours connaître l'imprévisibilité de l'amour, ses surprises et ses rêves. Aimer nous mettra toujours dans un état différent parce que l'être aimé est unique et aussi différent de tous ceux qu'on a pu aimer. Le sentiment d'amour est unique et absolu en soi mais il s'exprime et se vit toujours autrement à travers le cœur de celle ou de celui qu'on aime.

Ainsi, tout le monde a connu ce sentiment étrange et incompréhensible qui est le suivant : dès le moment où l'on découvre qu'on aime une personne, on prend conscience en même temps que nous l'avons toujours aimée. On éprouve la sensation étrange d'avoir toujours connu cette personne. C'est autant inquiétant que beau à la fois. On l'interprète comme l'existence de notre âme sœur, une « *autre moitié* » qui viendrait compléter la partie la plus douce de notre esprit et de notre cœur.

Avec tout ce flot de sentiments, s'ajoute la notion d'éternité. Aimer depuis toujours c'est comme avoir envie d'aimer à l'infini, jusqu'à n'en plus finir. Est-ce le propre des âmes naïves que d'avoir ce genre de sentiment ? Est-ce alors deux esprits et deux cœurs qui ne font plus qu'un lorsqu'ils se connectent ? Ils deviennent intensément deux esprits et un cœur. Pourtant, cette interprétation nous rassure dès le moment où cela contribue à notre bien-être et qu'on a pu enfin donner un sens à notre chemin. Ce sens c'est l'idéal que beaucoup se sont fixé. Mais toutes ces émotions sont fragiles au début des caresses de l'amour parce que tout va trop vite, comme si on devenait inondé et que l'on ne pouvait rien y faire. On se laisse emporter, tout doucement, mais d'une manière tellement intense qu'on ne veut pas que notre raison nous demande de prendre le temps.

Le temps est le meilleur allié de l'amour. Il construit la patience, il éprouve les sentiments, les consolide parfois et détermine la sincérité des êtres aimants. Celui qui est pressé est le plus faible parce qu'il en demande plus, à n'importe quel moment et souvent de manière égoïste. Celui qui est patient est celui qui souhaite être certain de son choix en observant les moindres signes chez l'autre tout en étant habité par cet amour. C'est un étrange équilibre mais il est nécessaire pour éviter de se briser. Combien se sont noyés en gâchant leurs sentiments ? De peur que l'autre, qu'ils ont tant attendu, leur échappe, ils désirent le posséder continuellement, l'étouffer parfois et lui en veulent de ne pas aimer assez ou de ne pas aimer autant qu'eux. De deux êtres qui s'aiment, il y en aura toujours un qui aimera le plus, le plus faible sans doute, parce qu'il en veut plus chaque jour.

On dit souvent que l'amour donne de la force, mais quelle grande faiblesse il nous apporte en retour ! Comment comprendre que nous avons en nous une chose et son contraire ? La force d'aimer et la faiblesse de l'amour… Il faut être fort pour ceux qu'on aime n'est-ce-pas ? Ceux qu'on aime seraient-ils donc faibles ? Quel malaise, mais quelle paix aussi ! Rien ne construit ou ne brise autant que l'amour. C'est la passion la plus incontrôlable, celle qui peut nous conduire à l'excès, à la folie ou à la destruction. C'est aussi la passion la plus douce qui arrive à nous amener dans un univers de sens, qui nous donne une direction et beaucoup de force. La différence entre les deux est dans la maîtrise. Personne ne peut échapper à la passion, quelle qu'elle soit ; mais prendre le dessus, la maîtriser, la canaliser pour l'empêcher de nous mettre à terre, nous rend plus fort et nous fait comprendre qu'elle est à la fois une arme contre nous et pour nous.

L'amour est une passion qui peut nous rendre déraisonnable. Elle devient une sagesse pour qui sait la comprendre, la mettre à la fois à l'intérieur et à l'extérieur de son cœur. Il faut la vivre de l'intérieur mais on a besoin de prendre un grand recul et de la regarder du dehors. La sortir de son cœur un moment, sans diminuer nos sentiments pour l'être aimé. C'est une épreuve, c'est un bonheur, c'est l'amour, tout simplement.

Lyon, le 23 Août 2009.

Foi et fragilité

Avoir la foi exprime pour beaucoup, l'idée de « *croire en quelque chose* ». Cela peut être Allah, Dieu, Adonaï, Bouddha, une philosophie, une idéologie, des principes, un homme, etc. En observant le monde et les gens qui le composent, on se rend compte que ceux qui croient, ceux qui ont la foi en quelque chose, sont bien plus nombreux que ceux qui prétendent ne croire en rien. L'être humain renferme en lui une profonde spiritualité qui s'oriente au fur et à mesure de son éducation, de son entourage et de son expérience de la vérité. A défaut d'adhérer à une croyance, certains préfèrent croire en eux-mêmes d'abord.

La foi est autant un sentiment qu'un état d'esprit et par conséquent, une attitude. Dans la langue arabe, le mot « *imâne* » qui signifie « *foi* », vient de « *amâna* », ce qui veut dire le « *dépôt* ». Ainsi, lorsque quelqu'un souhaite partir en voyage, en confiant les clés de sa maison à un ami, il lui confie en même temps une « *amâna* », quelque chose dont il est responsable et dont il doit prendre soin. S'il venait à trahir ce dépôt, il trahirait aussi la confiance qu'on a mise en lui. Ce dépôt est donc une lourde responsabilité. On doit restituer ce qu'on a eu entre les mains dans le même état qu'il nous a été confié.

Alors, lorsque vous comprenez que la foi est en même temps un dépôt et une responsabilité, cela résonne en vous différemment. Vous prenez conscience que ce n'est pas seulement croire en quelque chose, mais c'est avant tout porter quelque chose. Néanmoins, on peut avoir une certaine difficulté à identifier précisément ce en quoi l'on croit. Cela implique donc la recherche de la connaissance, de la vérité et la discipline du recueillement. Il y en a pour qui la foi prend la forme d'une soif d'aller vers l'autre pour lui transmettre, comme si l'on avait la certitude de posséder la vérité absolue. Quelle illusion ! Vouloir à tout prix *forcer* un cœur pour le pénétrer de sa foi est d'une grande prétention. Il est préférable de *parler* à un cœur et celui-ci peut écouter et comprendre. Les mots peuvent être difficiles à distinguer et à assimiler, mais le cœur comprend tout ce qui vient d'un autre cœur s'il ressent de la sincérité et s'il estime qu'on lui veut du bien. Nous parlons tous des langues différentes et pourtant nous disons et exprimons la même chose et, comme le disait si bien un écrivain français :

« *La langue du cœur est la langue que tout le monde parle* ».

La foi peut être sentie chez l'autre comme un sentiment invisible mais perceptible. On la réclame et on la désire parce que son absence peut nous brûler et qu'on a besoin d'étancher sa soif. La foi, à certains moments, n'est pas respectée. Beaucoup encore veulent l'imposer, de gré ou de force, aux autres ou à eux-mêmes. L'imposer aux autres pour les guider, l'imposer à soi-même pour que la notion de sacrifice et de don de soi prenne tout son sens. Triste culpabilité. Celles et ceux qui font l'expérience de l'excès dans la foi sont vite rappelés à l'ordre par la foi elle-même. Elle les quitte un temps lorsqu'ils souhaitent la pousser à bout. L'effort, dans et par la foi, ne doit pas être confondu avec le zèle aveugle. On ne peut pas toujours connaître des bouffées de spiritualité dans les moments de prière. Il ne faut ni brutalité, ni obscurité. La foi est lumière, légèreté, apaisement et vérité. Celui qui ne connaît pas cela se trouve dans un vertige dénué de sens, un sentiment vide d'émotions et un chemin sans orientation.

L'être humain a besoin, de manière intense, de tirer tous les avantages possibles de ce sentiment. Il est définitivement un bien pour lui, mais l'attitude de la foi n'implique pas de se mettre en scène et de se prêter un comportement et des sentiments que l'on n'a pas. Rester soi-même, avec simplicité. De cette manière, les petits mensonges et les petits égoïsmes vont s'évanouir et vont se consumer dans le divin rayonnement de la foi.

La porter un jour, une heure ou quelques secondes, cela sera toujours un moment d'éternité. Elle est souvent tellement inattendue. Elle sera ton ennemie si tu ne la respectes pas. Elle sera ta plus fidèle alliée si tu sais en prendre soin, avec intelligence, dans la lumière.

Mérignac, le 30 Août 2009.

Prière dans la nuit

C'était une nuit du mois d'Août 1992. 17 ans déjà passées. Mosquée de Dijon, rue Charles Dumont. Il avait vu tout le monde partir en vacances. Les rues des quartiers étaient vides et les mosquées très peu fréquentées. Il s'agissait pour beaucoup de familles de passer l'été au pays, au bled. Ce fameux soir du mois d'Août il avait l'envie de passer la nuit dans cette mosquée qui avait construit son enfance et dans laquelle il avait croisé tellement d'âmes au fil des ans.

La dernière prière, celle de la nuit, (*Al-'Icha*), n'avait, ce soir-là, réuni qu'une dizaine de personnes. Au bout d'une vingtaine de minutes, tout le monde était rentré. Il veilla à ce que toutes les portes et les fenêtres soient fermées, que les robinets d'eau soient bien serrés et que toutes les lumières soient éteintes. Il n'avait que le néon au-dessus de la chaire de l'imâm allumé, afin de pouvoir lire et d'avoir un brin de lumière pour se recueillir.

Il s'assit alors et commença à feuilleter les pages du Coran. Il lut ainsi pendant deux heures, alternant lecture, prières et méditations. Il sentait qu'il était pénétré de foi, une foi douce et profonde. Tout le reste n'existait plus. Tout avait disparu : les gens, le monde, les soucis, la vie et les vagues de la réalité. Il se sentait tellement léger qu'il croyait s'être endormi et rêver. L'égoïsme n'existait plus, la vanité s'était évaporée et les arrière-pensées n'arrivaient plus à franchir le seuil de sa conscience. Toutes les ombres de son âme avaient été balayées par ce souffle de foi et d'amour.

Plus il s'enfonçait dans la nuit, plus l'émotion le gagnait et moins il arrivait à retenir ses larmes. Pourquoi pleurait-il ? Il ne le savait pas lui-même. Ce n'était ni de la tristesse, ni de la douleur. Il était bien. Il était en paix et il se vidait de quelque chose qui était lourd à porter. Il revoyait les visages de celles et ceux qui avaient soif. Dans cette émotion, il saisissait leur mal, il l'identifiait et savait que la paix du cœur était le seul remède qui pouvait tout effacer. Ses larmes ne cessaient de couler.

Quelques années plus tard, il apprit que dans

les larmes il y avait un langage. Il le ressentit ce fameux jour, à la Mecque, sur des escaliers de marbre devant la Kaaba où il s'était assis pour la contempler. Au bout de quelques minutes, une vieille dame habillée d'un voile blanc brodé, prit place à ses côtés. Elle venait d'Indonésie. Elle pleurait toutes les larmes de son corps, elle se vidait et, en l'observant, il sut qu'elle n'était pas triste. Il comprit, ce jour-là, le langage des larmes. C'étaient des larmes de paix, de plénitude, accompagnées de l'envie d'être une nouvelle personne, pour une nouvelle vie.

Mosquée de Dijon. Il restait encore deux heures avant la prière du matin. Il souhaitait dormir un peu mais tout était tellement doux qu'il était prêt encore à prier et méditer. Il se promit de se donner, d'être généreux envers les autres, d'être toujours là pour eux et d'aider quand il le pourrait. La souffrance ne l'effrayait plus parce qu'il savait qu'elle passerait toujours son chemin. Il ne se reconnaissait plus. Il avait l'impression d'avoir changé en une nuit.

En si peu de temps, tout en lui s'était transformé : son cœur, son esprit et sa vision du monde. Aussi eut-il peur que ces moments de don de soi, d'efforts et de légèreté ne reviennent plus dans sa vie.

Alors, soudainement, comme un choc, il ressentit le besoin d'écrire ce qu'il vivait. Il ne savait par où commencer. Il ne savait pas s'il devait écrire sans s'arrêter ou seulement dessiner par des mots son état pour s'en souvenir, tant il avait l'impression que ces moments seraient uniques. Il prit le stylo qui ne le quittait jamais et écrivit quelques lignes qui, sans le savoir vraiment, allaient changer sa vie, des mots résonnant comme une révélation, comme si pendant toute cette nuit, il avait vécu pour les autres, pour alléger leur souffrance :

« *Dans le silence des mosquées, dans les prières de la nuit, il a compris la vérité, il a lutté contre l'oubli...* »

Mérignac, 31 Août 2009.

La paix de l'amour

Vous êtes là, assis, devant l'être que vous aimez. Ce peut être votre mère, votre père, votre enfant, votre mari, votre femme, votre meilleur ami ou quelqu'un que vous avez retrouvé après de longs mois ou de longues années d'absence et de manque. Ce peut être quelqu'un que vous avez attendu depuis si longtemps qu'il vous semblait impossible d'imaginer être enfin un jour à ses côtés.

Vous êtes assis, face à cette personne et il n'y a que vous. Alors, dans ces moments-là, vous avez l'impression de tout connaître d'elle et elle a l'impression de tout connaître de vous. Vous lisez l'un dans l'autre, comme à l'intérieur d'un livre ouvert. La moindre expression du regard vous parle, la moindre intonation de voix vous fait comprendre ce qu'il faut faire ou dire et le moindre geste de sa part provoque chez vous le même geste. Vous vous parlez sans mots. Vous vous comprenez sans vous convaincre. Vous êtes capables de lire l'un dans l'autre les yeux fermés. C'est la paix de l'amour. Tellement unique, tellement douce et infinie.

Ce sont deux cœurs qui se parlent. Les battements de votre cœur répondent comme un écho à ses battements. Vous les entendriez presque battre pour vous. Ainsi, la manière la plus belle de s'aimer est de s'écouter battre l'un pour l'autre. Cet état vous donne beaucoup d'espoir dans l'avenir. Vous débordez de confiance en l'autre, l'avenir de cette vie ne vous fait plus peur et l'angoisse n'a plus de sens. Vos espoirs deviennent sans limites. Aimer, être aimé, se sentir aimé : c'est le sens d'un bonheur qui ne connaît aucune ombre. Le doute n'effleure plus votre esprit.

Vous pourriez comparer cela à un ciel sans nuages avec le doux réchauffement du soleil qui vous procure du repos. Si vous êtes tous deux intelligents, rien ne saurait venir gâcher cet amour et rien ne pourra venir épuiser vos forces pour l'être aimé. Il peut arriver qu'on connaisse des moments où l'on aime moins, mais chaque jour est une lutte pour retrouver la sérénité unique des jours heureux. Ces moments vous donnent souvent l'impression de rêver et de ne plus vivre. Beaucoup préfèrent rester dans ce rêve parce qu'il leur est agréable. Il peut être dangereux d'y rester trop longtemps. La réalité éprouve l'amour et cette épreuve est nécessaire pour différencier la sincérité de l'hypocrisie.

Il n'y a rien de commun entre le rêve et la réalité mais ils sont tellement liés. Le rêve nous détache et nous fait nous évader de la réalité. La réalité, elle, nous tire de notre rêve comme l'on peut vous sortir violemment de votre sommeil. Mais comment transformer sa réalité en rêve ? Comment tout simplement réaliser ses rêves ? Il n'y a pas de secrets pour cela. On doit aller jusqu'au bout de ses objectifs, se donner les moyens de les atteindre, lutter pour qu'aucun obstacle ne vous mette à terre et considérer la souffrance comme une inconnue qui ne fait que passer.

Chacun a droit à sa part de rêve. Il y a l'inaccessible et l'idéal mais au-delà de tout cela, avec l'être aimé, il ne faut jamais se sentir tous les deux dans un rêve. L'amour se vit dans la réalité, l'amour est doux, il nous unit et c'est tout ce qui compte. La vie, même si elle peut paraître dure, demeure appréciable et les battements du cœur pour l'autre sont mi-rêve, mi-réalité. Ils sont là et c'est le bien le plus précieux qu'il faut s'attacher à préserver et à respecter.

Mérignac, 05 Septembre 2009.

Quai de gare

Ce jour où il l'avait accompagnée jusque dans le train, pour son départ, lui a permis de ressentir pour la première fois le terrible chagrin de l'absence. Le train s'éloignait dans l'horizon et il était resté planté là, au bord de ce quai de gare qui représentait désormais pour lui la douleur des gens qui se séparent. Toutes celles et ceux qui aiment connaissent un jour ce sentiment presque invivable et étouffant. Tout devient vide : le cœur, la vie et le monde. Sa respiration était étouffée par l'angoisse.

En rentrant chez lui, la douleur était plus intense lorsqu'il se trouvait devant les traces matérielles du passage de celle qu'il avait laissée sur ce quai. Les objets qu'elle avait touchés et les odeurs encore présentes se mêlaient à sa solitude. Il avait l'impression d'entendre encore sa voix et ses rires dans la maison. Un bonheur qui venait de disparaître, des moments vécus évaporés dans l'air de l'absence, une absence terrible vous donnant le vertige.

Rester dans cette maison devenait pour lui insupportable. Il voulut sortir pour mieux respirer mais il eut la mauvaise idée de revoir les endroits où il avait passé du temps avec elle. La souffrance n'en était que plus forte et plus profonde. Il revit ce banc où ils étaient assis à se parler pendant des heures. Il passa devant ce restaurant et voulut y entrer pour déjeuner au même endroit, à la même table. Il vit au loin cette cathédrale où ils étaient montés pour admirer l'étendue de la ville. Quel que soit l'endroit où il allait, il avait le sentiment de retrouver un peu de celle qui était partie. Son image flottait tellement partout qu'il s'attendait à la voir paraître au détour d'une rue où d'un boulevard. Il savait bien que son attitude était déprimante mais il s'en contentait.

Il s'en voulait terriblement. Il regrettait de ne pas avoir assez profité d'elle et des instants passés. Il aurait dû sentir toutes ces minutes, ces heures et ces secondes comme un bonheur infini de manière à se nourrir de ses regards, de ses gestes et des attentions qu'elle lui portait. Il avait laissé fuir le temps. On dit souvent qu'on ne connaît véritablement la valeur d'une chose ou d'une personne que lorsqu'elle n'est plus là. Ce jour-là, il en était convaincu mieux que personne.

Au bout de quelques heures, il se fatigua de toutes ces pensées et de cette absence. Il eut l'idée d'aller voir ses amis. Parce qu'il avait partagé avec elle leur amitié, il désirait retrouver quelques souvenirs des discussions échangées. Ce n'était qu'une illusion. Ses amis étaient indifférents et parlaient de leur petite vie qui, à ses yeux, n'avait aucun intérêt. Ils continuaient de mener leur vie sans se soucier des présents ou des absents. Il les haït ce jour-là. Il était égoïste, c'est vrai, et il s'en moquait. Il repartit.

Dehors, il y avait cette ville qui ne se doutait de rien. Y avait-il quelqu'un qui souffrait autant que lui ? Quelqu'un d'autre vivait-il actuellement le chagrin de l'absence ? Les gens allaient à leurs occupations et ils semblaient heureux. Le pire, c'est qu'il faisait beau, comme si le ciel aussi était contre lui et qu'il le regardait avec arrogance, sans aucun respect pour sa douleur. Voilà l'amour aveugle, l'amour égoïste, l'amour qui peut détruire. Il a mit du temps à comprendre que ce genre de folie passagère pouvait tout lui faire perdre, même l'être aimé. Rien que d'y penser, il se sentait mourir. Il fut toute la journée baigné dans ce tourment sans avoir la force de trouver une solution pour s'apaiser. La solution, c'est elle qui la trouva à sa place, et elle était tellement simple ! Son téléphone sonna. C'était elle ! « *Je suis bien arrivée. Tu me manques. Comment vas-tu ?* » Tout avait disparu. Son bonheur était immense. Pourquoi n'avait-il pas pensé à l'appeler dès qu'il avait quitté ce quai de gare ? Il était aveuglé par le sentiment de son absence. « *Je vais bien et tu me manques aussi* », lui répondit-il.

Le cœur était en paix. Il se moqua de lui-même et de sa fragilité. Elle était dans son cœur et c'était l'essentiel.

Mérignac, 05 Septembre 2009.

L'enfant et la douleur

Un enfant ou un adolescent, quel qu'il soit et d'où qu'il vienne, n'est jamais vraiment préparé à sa première confrontation avec la douleur et la haine. Il était marocain parce que ses parents l'étaient et aux yeux de certains il n'était qu'un *arabe*. On allait lui faire comprendre sa différence de manière tellement violente qu'il faillit en être anéanti.

Ce jour-là il faisait beau. Il avait rendez-vous avec Sandrine, qui était alors sa meilleure amie. Elle était attirée par son côté « arabe pas comme les autres ». Les autres aimaient le foot et le basket, alors que lui préférait les jeux d'échecs. Les autres aimaient passer des heures sur les jeux vidéo de combats et lui avait pour passion de lire et écrire pendant des nuits. Il était comme on dit, « *une image contre les images.* » Des préjugés que beaucoup ont encore des arabes.

Ils entrèrent dans un petit parc et s'assirent sur un morceau de tronc d'arbre joliment transformé en banc. Sandrine avait apporté sa rédaction pour qu'il la corrige. Il le faisait toujours avec plaisir. Ils restèrent là à plaisanter sur les mots qu'elle avait écrits et à parler de leur professeur et de ses manies. Elle le taquina un peu sur les filles de la classe qui lui plaisaient. Elle adorait ce jeu car il en rougissait facilement. Elle aimait avoir ce genre de pouvoir sur lui parce que c'était le seul domaine où elle pouvait le dominer.

Au bout de quelques minutes, un groupe de jeunes s'approcha d'eux avec un air provocateur, mais ils n'y prêtèrent pas attention. Toutefois, l'un d'eux lui dit : - Il paraît que tous les poils que vous avez sont tous frisés !

Il sentit une bouffée de chaleur le traverser ; cette phrase lui rappelait la réplique d'un film qui l'avait marqué.

- C'est à moi que tu parles ?

- Oui, c'est à toi. Tu vois d'autres melons qui poussent ici ? lui répondit l'autre qui s'était approché de lui de manière à coller son front sur le sien.

En cinq secondes, ses livres et ses cahiers se retrouvèrent au sol : il s'était jeté sur cet abruti. Pendant qu'ils se rouaient de coups, les autres regardaient le spectacle en criant et hurlant comme s'ils assistaient à un combat de boxe sur un ring. Sandrine les insultaient tout en les suppliant d'arrêter. Ils n'entendaient rien, assourdis par leur haine mutuelle.

Attirés par les bruits, un autre groupe de jeunes arriva, plus nombreux que les premiers. Ils venaient du quartier voisin et ils étaient comme lui, *arabes*. En un instant, ils comprirent ce qu'il se passait. L'un des leurs se faisait frapper. Cela se transforma en mini émeute. Sandrine profita de cette confusion pour tirer son ami par le bras afin de quitter ce parc, oubliant les livres et les cahiers restés à terre.

Ils partirent le plus loin possible. Il avait un peu de sang sur le visage et quelques bleus. Elle avait de la peine pour lui. Elle l'obligea à venir chez elle. Ses parents n'étaient pas là. Elle voulait le soigner et s'occuper de lui. Sur le chemin, il se mit à avoir des désirs incendiaires. Une haine et une incompréhension profondes s'étaient enracinées en lui. Il avait envie de mourir. Il pensa à se tuer tant il souffrait à l'intérieur. C'était étouffant. C'est dans ces moments que l'on découvre qu'un enfant renferme en lui autant d'amour que de haine. On lui avait reproché sa différence. On était capable de le tuer pour cela. Il venait de comprendre ce qu'était la xénophobie et le racisme, la haine de l'étranger. Cette crise fut la plus douloureuse de son enfance. Il est même possible qu'elle y mit fin définitivement. Il faillit en être brisé. Celle-ci, sans le savoir, allait forger sa volonté.

Sandrine était là pour lui et il l'avait oubliée tellement il était envahi par ses pensés. Ils se retrouvèrent dans son salon et il était tellement torturé qu'il en oubliait la douleur des soins que Sandrine lui donnait. Elle voyait bien que quelque chose avait changé dans son regard. Il ne pleurait pas.

- Tu seras toujours mon ami, n'est-ce pas ? lui demanda-t-elle timidement.

Cette réflexion le fit sourire et elle était heureuse de la réaction qu'elle avait enfin provoquée chez lui.

- De toute façon, tu parles et tu écris le français mieux qu'eux, ajoute-t-elle.

Il sourit de manière beaucoup plus expressive parce qu'il aimait tous les compliments qui venaient d'elle. Il savait qu'elle était sincère avec lui. Sans réfléchir, elle le prit dans ses bras et lui fit un baiser sur sa joue gonflée par la douleur. C'était la première fois qu'elle lui témoignait autant d'affection et une bouffée de chaleur, différente de la première, le traversa. C'était trop d'émotions pour lui en si peu de temps. La haine et l'amour, le froid et le chaud. Il en était bouleversé.

- Je vais rentrer chez moi, lui dit-il, j'ai besoin de m'allonger.

Il se leva et il sentit la main de Sandrine le retenir avec une douce expression dans le regard.

- Tu peux t'allonger sur le canapé, mes parents ne rentrent que ce soir.

L'idée était trop belle et le moment trop douloureux. La haine l'emportait. La douceur de son amie n'aurait pas réussi à en venir à bout.

- Ce n'est pas une bonne idée que je reste, lui dit-il enfin. Ne t'inquiète pas pour ta rédaction, je vais te la refaire ce soir.

Elle le regarda passer le pas de la porte, sans dire un mot. Ce jour-là elle comprit qu'elle avait plus qu'un ami. Il n'avait pas cédé à sa demande et elle en était encore à se poser des questions. Mais, ce qu'elle ne savait pas encore, c'est qu'elle venait de le perdre. En fait, elle venait de perdre une partie de cette âme gentille et naïve qu'elle aimait chez lui. Il avait été endurci par cette épreuve. Il fallait qu'il comprenne pourquoi les gens étaient comme cela. L'incompréhension le torturait. Dès qu'il arriva chez lui, il alla dans sa chambre et s'assit au bord de la fenêtre. Il n'avait plus envie de vivre. Ses parents, Sandrine, ses amis, n'avaient plus d'importance. Il sentait que personne ne pouvait l'apaiser ou lui trouver les mots ; il fallait qu'il trouve lui-même les mots. Il se réfugia dans l'écriture. Il écrivit pendant des heures, sans s'arrêter, comme si les mots étaient des larmes qui coulaient sans jamais sécher. Sentiment intarissable. Etait-ce le seul et unique moyen d'échapper à la douleur ? Il repensait à l'attitude et aux paroles de Sandrine. Cela ne lui suffisait pas. Où était le remède de la haine ? Il fallait qu'il le trouve en lui, mais c'était trop demander à une âme d'enfant. Il se devait de maîtriser ce sentiment, pour ne pas devenir comme eux, ceux qui lui avaient reproché d'être né.

C'était l'heure de manger et il avait oublié que son visage était gonflé par les coups qu'il avait reçu. Sa mère voulut savoir.

- Je suis tombé dans les escaliers, lui dit-il sèchement.

Elle savait qu'il lui mentait mais elle ne voulait pas insister de peur de l'éloigner ou de l'empêcher de parler. Elle voyait dans son regard qu'il souffrait. Elle avait du mal à déterminer ce qu'il avait. Elle pensa le menacer d'en parler au père qui allait rentrer le soir, mais cela n'aurait fait que creuser le fossé. Elle décida de lui laisser le temps. De plus, comme il était indépendant, elle avait perdu l'habitude de lui parler des choses de la vie. Elle voulait vraiment connaître ses peines et le consoler, mais elle se consola elle-même de savoir que son petit garçon aimait le plat qu'elle avait préparé. C'était une grande satisfaction pour elle.

- Tu sais, hier soir, j'ai lu un livre en entier, lui dit-il.

Elle savait qu'il voulait détourner son attention. Elle n'aimait pas quand il renfermait ses pensées. Il lui semblait inaccessible. Au bout de quelques minutes, il la regarda avec un air d'hésitation et lui demanda :

- Tu sais c'est quoi un raciste ?

Elle lui répondit avec l'attitude de la mère qui instruit son fils :

- Oui, c'est quelqu'un qui n'a pas de cœur.

Il éclata de rire. Elle était ravie de voir sa joie. C'était un rire moqueur parce que ce n'était pas la définition qu'il attendait, mais en y réfléchissant, il vit qu'elle avait bien raison. Qu'est-ce qu'un raciste sinon quelqu'un qui n'aime pas l'autre, la différence et les « milliards d'autres » qui ne lui ressemblent pas ? Il pensa alors à Sandrine. Une amie qui avait du cœur. Il s'en voulait de ne pas avoir prêté attention à sa gentillesse.   La haine l'habitait encore mais en même temps, il lui paraissait tellement simple d'aimer ! Encore cette sensation de chaud et de froid qui le tourmentait... L'équilibre dans les sentiments qui traversent le coeur est très difficile à atteindre. Il n'est pas inaccessible. Il exige un effort sur soi qui peut paraître insurmontable. Il est tellement doux une fois qu'on le met dans sa main !

Le repas fini, il s'empressa de retourner dans sa chambre. Il s'occupa de la rédaction de Sandrine. Cela lui prit à peine une heure. Il se plongea ensuite dans des pensées intenses. Il pensait encore à elle, qui était sa meilleure amie. Il voulait savoir ce qu'elle pensait de sa différence. C'est un sujet qu'ils n'avaient jamais abordé. Comme il était assez maladroit dans les paroles, il décida de lui écrire une lettre qu'il lui remettrait le lendemain à l'école. Il était comme une âme en peine. Il commença la lettre par ces mots : « *Me haïssent-ils autant que je t'aime ? Vois-tu en moi un ami, un arabe, un premier de la classe ou autre chose ?* » Il écrivit, sans s'arrêter, comme à son habitude.

Le lendemain, ils se retrouvèrent, comme tous les matins devant la boulangerie. Elle l'attendait toujours la première. Sur le chemin, il lui remit sa rédaction à l'intérieur de laquelle il avait glissé la lettre. Il lui demanda de la lire avant la récréation et surtout pas devant lui. Elle était toute excitée par cette attention. En classe, ils ne s'asseyaient jamais l'un à côté de l'autre. Il aimait être au fond et elle devant. Une fois installé, il la regarda lire sa lettre et cela flattait son ego. Dès qu'elle l'eût terminée, elle se retourna vers lui en lui lançant un regard incendiaire. Il devint rouge. Qu'avait-il écrit qui venait de mettre sa meilleure amie en colère ? Les minutes passaient et il en était torturé. Deux heures s'écoulèrent, le moment de la récréation sonna. Sandrine sortit la première et l'attendit sous le préau. C'était une fille de caractère, malgré ses airs de princesse naïve, et il redoutait souvent cet aspect de sa personnalité.

- Comment peux-tu me demander si je te vois comme un arabe ou comme un ami ?! lui lança-t-elle sans lui laisser le temps d'arriver.

Il ne savait plus quoi répondre. Il avait honte de ce qu'il avait écrit. Il n'osait parler, de peur de l'irriter encore plus. Elle sentait sa gêne mais elle était blessée. Pourtant elle l'aimait, ils s'aimaient finalement. Ils venaient de réaliser tous deux qu'il fallait peu de choses pour séparer deux amis ou deux êtres qui s'aiment.

Il lui demanda pardon et lui raconta la

terrible nuit qu'il avait passée. Elle aimait lorsqu'il se racontait comme un livre ouvert, quand il se confiait à elle et quand il trouvait les mots pour lui transmettre ses sentiments. Elle aimait ces moments où il lui arrivait parfois de se livrer, lui qui était si opaque dans ses émotions. Elle avait besoin de prendre un peu de lui en elle, mais elle devinait que malgré tout, il avait changé. La veille lui avait fait gagner en maturité. Rencontre douloureuse une fois de plus avec la haine et l'amour. Elle fut là pour lui, le temps de panser ses plaies. L'une est partie, une autre est arrivée, plus forte que la précédente. Lui est resté, sur ce chemin, avec le doux souvenir d'une amitié qui était gravée dans l'histoire de son destin, de son « *maktoub.* »

Mérignac, le 12 Septembre 2009.

Prie...

Prie toujours ! Prie sans te soucier des paroles autour qui te blessent. Prie sans gêne et sans angoisse. Que l'on te voit ou pas, sache que Lui te voit et t'entend. Prie pour toi-même, pour ton cœur, pour ta vie, pour les autres, pour leur cœur, pour leur vie. Dis et demande ce que tu veux dans tes prières. Demande le bien pour toi et ceux que tu aimes. Ne souhaite jamais le mal pour les autres, même pour les pires. Lui s'en chargera. Prends sur toi et avance. Ne te réfugie pas dans la prière. Entre dans sa lumière, dans l'obscurité de ta chambre, pour en ressortir l'âme et le cœur apaisés et grandis.

Mets cette force au service de tes paroles pour que le monde puisse te comprendre. Si ton cœur est en paix, tu seras compris de tous : des plus grands, comme des plus humbles. Ne t'adresse pas uniquement à un petit groupe, aux tiens ou à ceux qui te ressemblent. Adresse-toi à tous, à ces milliers d'âmes qui peuvent t'apprendre tellement de choses sur la vie et à ces milliers d'êtres qui ont soif d'apaisement et de bonheur. Prends de tous sans te préoccuper de ceux qui blessent. Tu dois être compris et ne soit jamais lassé de répéter, d'accompagner et de lutter. Tu ne seras jamais assez compris même si tu avais la vision la plus clairvoyante et le langage le plus simple.

Sois sincère ! Ne mets pas d'ombres dans tes paroles. Laisse ces ombres et ces mensonges à celles et ceux dont le cœur a fait volte-face définitivement. Tu ne peux pas changer les cœurs mais tu peux leur parler et les toucher. Ne t'approprie aucun cœur, aucun être. Tes paroles ne doivent être ni une prison, ni un désert qui égare. Elles doivent amener vers quelque chose de mieux. Si par tes paroles tu rends le sourire à un malheureux, tu vivras dans la joie et la plénitude. Si par tes paroles, tu apaises et effaces la douleur d'une âme qui t'appelle, tu seras dans son cœur et elle t'aimera. Cette âme serait même capable de se sacrifier pour toi. Si par tes paroles tu sèches des larmes qui font mal, tu es capable de les transformer en larmes qui illuminent le regard.

Tes mots et tes prières n'auront de valeur que si tu les fais suivre d'actes qui prouvent ta sincérité. Ne perds aucun mot quand tu t'adresses aux gens autour mais ne néglige aucun geste quand tu sens qu'il est important d'accompagner. Aussi, sois vigilant aux gestes qui blessent, ceux qui malgré ta sincérité, peuvent venir des profondeurs de ton inconscient, de tes actes manqués et de tes désirs refoulés. La maîtrise est une lutte permanente. Tu peux inonder les cœurs de paix par des milliers de mots sincères, mais tu peux briser une âme par un geste maladroit. De même, tu peux procurer une sérénité infinie par des milliers de gestes de tendresse, mais tu peux briser un cœur par une parole mal placée, inopportune et méchante.

C'est pour cette raison que malgré la beauté de cette vie, tu as besoin de prendre beaucoup de lumière dans tes instants de prière. Plus tu es en paix, plus tu seras vigilant aux tremblements intérieurs de celles et ceux qui t'entourent. Tu seras moins maladroit, tu feras moins mal et tu auras l'envie d'aimer plus. Si tu blesses, si tu fais souffrir ou si tu détruis sans le vouloir, emploie toute ton énergie à réparer, à te faire pardonner, à accompagner jusqu'à ce que l'on reconnaisse la valeur de ta sincérité. Pardonner est un terrible effort mais cela donne tellement de force que rien ne pourra te briser facilement.

Prie toujours ! Ne laisse pas la lassitude et la fatigue t'empêcher d'accéder à cette lumière et ne laisse pas l'arrogance te barrer le chemin du pardon. Il te voit, Il est avec toi, Il est en toi. Aime les autres et Il t'aimera, « *éloigne-toi de ce que les gens aiment et les gens t'aimeront* ».

Mérignac, le 16 Septembre 2009.

Faux paradis

Cinq heures du matin. Elle marchait dans le labyrinthe de cette ville qui, ce soir-là, lui paraissait immense. Elle ne savait plus où elle avait passé la nuit. Elle ne se rappelait plus d'où elle venait. Elle ne savait où aller. Son chemin était perdu parce qu'elle s'est égarée dans l'illusion d'une bouteille qui devait lui faire oublier une douleur qu'elle ne pouvait plus supporter. Triste refuge. Ses mains s'agrippaient aux rambardes de ce pont qui vacillait légèrement dans le vent de la nuit. Elle avait le vertige. Double vertige dans un corps ivre, sur un pont qui ne faisait qu'augmenter ses nausées.

Elle marchait avec lourdeur. Ses jambes n'avaient plus la force de la tenir. Pourtant elle luttait avec le peu de volonté qui lui restait dans sa conscience. Ce soir-là, le tourbillon de la vie venait de la briser. Elle s'était laissé absorber par la peine, la douleur de la trahison et l'angoisse de la solitude. Sa vie, son passé, n'étaient plus que des morceaux de rêves qu'elle ne pouvait plus recoller. Tout était tellement loin, sur ce pont, et cette odeur du fleuve qui lui donnait mal au ventre. Ses plus beaux souvenirs étaient devenus poussières.

Elle continuait de marcher sans savoir où elle allait. Elle croisait des rires qu'elle ne supportait pas, des visages qu'elle redoutait et des gestes qui la blessaient, qui la salissaient. La peur l'envahit. Il fallait qu'elle rentre. Elle marchait, elle courait, elle tombait, elle se relevait. Soudain, ses yeux se posèrent sur un regard. Etait-ce un homme, un ange ou un démon ? Elle ne discernait rien. Elle se sentait emportée par une voix qui voulait l'apaiser. Sa main dans la sienne l'aidait à avancer. Une douceur s'est répandue dans sa chair mais elle était effrayée par cette gentillesse, à cinq heures du matin.

Elle a senti de la force mais, l'effet des alcools et des drogues l'enchaînait. Tout n'était qu'ombres : les gens, les visages, les voix…Elle s'accrochait à la seule lumière qui lui apparaissait. Cette voix qui lui parlait et dont elle ne comprenait rien. Il l'aidait à avancer, lentement, sans la brusquer. Etait-ce un rêve ? Etait-ce l'Ange de la Mort ? « *Sors-moi de ce cauchemar* », lui dit-elle. Il s'arrêta pour l'asseoir sur un banc. « *Ton cauchemar c'est la bouteille que tu viens de boire* », lui répondit-il. Elle avait reconnu sa voix désormais, lui qui promettait d'être toujours là pour elle. Elle lui en voulait de n'être là que dans ses moments de souffrances. Elle se sentait humiliée et rabaissée. Elle le souhaitait à ses côtés pour la vie. Elle savait qu'il fallait qu'elle change pour obtenir son amour.

Dix-neuf heures. Ses yeux s'ouvrirent sur une chambre douce et propre. Elle cherchait ses chaussures. Sa tête lui faisait mal. Elle était étourdie par cette nuit d'ivresse, cette nuit passée dans un faux paradis. Elle a failli connaître l'enfer ou la Mort. S'il n'avait pas été là, une fois de plus, que serait-il advenu d'elle ? Elle s'assit au bord du lit et pleura toutes les larmes de son corps. Elle rêvait de changer mais elle était encore prisonnière de ce mal. Elle se leva pour se passer de l'eau sur le visage. Face au miroir, elle voyait une beauté défigurée par la douleur. Il lui avait laissé un mot avant de partir, comme à son habitude. Elle savait ce que c'était : une prière, un reproche ou un adieu. Comme d'habitude. Ce soir-là, ses quelques mots avaient mis un peu d'espoir dans son cœur :

« *Je suis prêt à t'aider à changer, mais ta volonté t'appartient. Dieu te garde.* »

Mérignac, 17 Septembre 2009.

Echecs, transitions

Dans la vie, tout n'est que question de terminologie face aux événements qui croisent notre chemin et face aux sentiments qui nous traversent subitement, comme une foudre. Tout n'est que question d'interprétation et de vision. Certains parlent de la notion d'échec lorsqu'on ne réussit pas quelque chose ou lorsque tout ou partie de notre existence se brise sans préavis. Pourquoi ne pas parler de transition ? Beaucoup pensent que c'est plus rassurant. Je pense plutôt que c'est la réalité et cela n'est pas seulement un mot qu'on utilise pour se donner du baume au cœur.

Nous avons tous des projets de vie. Ce peut être une ambition professionnelle, la construction d'une vie à deux ou l'accomplissement d'une passion. Dans notre démarche à vouloir mettre en place ce projet, il n'y aura jamais une voix qui viendra nous dire : « *Je construis, mais il se pourrait que j'échoue* ». C'est pourtant la voix du recul et de la raison, mais bizarrement, notre certitude est tellement là qu'on en oublie les surprises de l'avenir. Par exemple, celui ou celle qui aime, ne peut pas imaginer un instant que son union puisse être vouée à l'échec. L'amour est si fort à ce moment qu'on ne s'imagine pas être privé de l'être aimé ou vivre sans.

Alors, au milieu des erreurs, des rêves et des oublis, tout peut arriver, même le pire, même l'inimaginable et l'inconcevable. Nous sommes des êtres humains et beaucoup l'oublient. Que faire lorsqu'on perd ce que l'on a mis du temps à construire ? Il y a trois attitudes qui correspondent à trois mentalités, trois manières de voir.

La première est de se dire : « *J'ai échoué* ». C'est le constat le plus immédiat, le plus violent, et tout ce qui nous entoure s'efface. On ne veut plus avancer et de nombreuses âmes sombrent sans jamais se relever. La deuxième attitude est de lutter pour retrouver ce qu'on a perdu, reconquérir et reconstruire sur les cendres de sa vie. On y arrive parfois ou on s'y brise doublement. La dernière attitude enfin est de se dire que c'est une transition et il est nécessaire et vital de passer à autre chose. La transition fait avancer, dans une autre dimension certes, mais elle aide à tourner la page. On continue de vivre avec les douleurs, parce que l'oubli n'est là qu'un temps, mais un autre horizon nous appelle. Pour cette dernière attitude il n'y a que deux conditions à remplir : la volonté et l'espoir. Facile à dire n'est-ce pas ? Mots tellement simples…Vivez-le intensément et vous serez surpris par la sagesse qui en découle.

La vie est comparable à un escalier. On voit toutes les marches qui permettent d'arriver au sommet mais il peut nous arriver d'oublier qu'une de ces marches a le triste pouvoir de nous précipiter dans le vide. On monte, on redescend, on perd l'équilibre, on se tient à la rambarde, on tombe… Escalier qui te sert à monter ou descendre, escalier qui peut te tuer en te rompant le cou. Tout n'est qu'histoire de prudence et d'humilité. Monter les marches avec prétention est si dangereux… Accéder au sommet trop rapidement vous donne un moment d'étourdissement.

Personne n'a vécu une seule vie car une vie est un enchaînement de plusieurs transitions. Notre existence pourtant, n'est que l'espace de quelques marches. Celles et ceux qui sont arrivés à la fin ont l'impression de n'avoir vécu que quelques minutes ou quelques secondes. « *Qu'ai-je réellement fait ?* » C'est une question universelle. Le mieux n'est-il pas de lutter chaque seconde, d'oser construire son bonheur et d'avoir la force de se donner pour les autres ? Celui qui fait le mal oublie qu'il y a une fin et, pire que cela, il n'a plus idée du sens. Celui qui fait le bien, le fait d'abord pour lui, pour n'avoir aucun compte à rendre aux êtres, pour être en paix avec lui-même… L'obscurité se révélera à chacun et seule la lumière du bien qu'on a porté en soi nous sauvera des ténèbres et du pire.

Mérignac, le 17 Septembre 2009.

L'invité

Nous sommes aujourd'hui le 20 Septembre 2009. Il y a trente jours, un milliard de musulmans accueillaient le mois de Ramadan comme un invité prestigieux auquel il fallait réserver tous les honneurs et envers lequel ils se devaient d'être exemplaires. Cette nuit, l'invité s'en va et nous le sentons franchir la porte de notre cœur et de notre âme avec une tristesse inexpliquée. Un milliard de musulmans voient dans son départ un défi qui doit les habiter le reste de l'année : serons-nous capables d'être aussi exigeants envers nous-mêmes sans la sérénité qui nous a accompagnés durant ce mois ? Avons-nous consolidé ce sur quoi nous devions travailler ? Nos besoins, nos envies et notre discipline ? Pour beaucoup, ce mois a été le déclic pour une vie meilleure et pour d'autres il a été le moment d'une intense réflexion. Pour certains enfin, il a été un aveu de faiblesse, une remise en question.

Comment comprendre qu'on puisse accueillir cet invité avec joie alors qu'il vient pour nous priver de nos besoins les plus élémentaires ? Comment comprendre que nous avons du mal à imaginer que celui qui nous a privé s'en aille ? Finalement, ne vient-il pas à nous comme un éducateur ? Il nous a fait tellement de bien pendant trente jours que nous avons du mal à nous en séparer. Se priver de boire, de manger, se priver des plaisirs charnels de l'aube jusqu'au coucher du soleil. Tout ceci nous renvoie à une réflexion profonde sur la nature même de notre être. Qu'est-ce qu'un homme ou une femme sans besoins sinon une âme ? Priver son corps pour mieux écouter son cœur. Priver son être, pour mieux élever son âme. Avoir la maîtrise de ses désirs, pour mieux comprendre la sagesse de la maîtrise de ses passions. Se priver sans donner aucun sens à cette privation est un triste gâchis.

Le mois de Ramadan se termine et de nombreuses âmes n'ont qu'une seule envie : être meilleures chaque jour. Que ce soit celui qui regarde le monde des finances du dernier étage de sa tour, que ce soit la jeune adolescente aux pieds et aux mains endoloris qui tisse l'abaca dans une jungle isolée, tous ont ce sentiment que ces trente jours les ont élevés. Du plus puissant au plus faible, l'expérience spirituelle est souvent la même.

Ce soir, beaucoup voient revenir l'heure de tous les défis avec inquiétude. Être à la hauteur chaque jour. Tel est l'objectif. Nombreux sont celles et ceux qui se promettent de ne plus céder à leurs passions dévastatrices, à leur colère, à leurs penchants ou à leur côté vénal. Promesse tenue pour certains, illusion pour d'autres. Beaucoup encore, pleins de bonnes résolutions, se fixent de veiller quelques nuits pour être touchés par la lumière de quelques prières. Expérience spirituelle qui élève, à n'en point douter. Combat intérieur entre la fatigue qui peut finir par l'emporter et la force de cœur qui consume toutes les paresses.

Il est vrai qu'on peut observer de nombreux contrastes dans l'attitude de chacun face à la privation. De la douce sensation à la dure expérience, nous faisons le même constat : « *Nous ne tenons à rien !* » Notre corps tient à une ficelle qui se noue autour de la soif, de la faim et de la sexualité. Aussi étonnant que cela puisse paraître, lorsque le corps manque de ces trois éléments, c'est l'âme qui refait surface pour tenter de maîtriser ce corps qui lutte.

L'âme apporte avec elle une autre lutte, celle qui consiste à amener la force que le corps n'a plus. Lorsque le corps n'a plus de force, on puise dans celle de l'âme. Liaison intime entre deux entités qui s'ignorent lorsque l'une prend le dessus sur l'autre. Un corps trop rassasié c'est une âme que nous ne discernons plus, mais inversement, une âme qui s'élève c'est un corps qui se maîtrise. C'est un lien redoutable pour qui sait l'utiliser.

Force ou faiblesse, chacun s'entoure de sa seule volonté. Les images de l'esprit, les besoins du corps et la force de l'âme cohabitent ensemble à chaque souffle de notre vie. C'est ce fameux équilibre qui donne sens à l'humanité de l'être. Il n'est jamais demandé une privation extrême ou une spiritualité obscure. Ce doit être deux entités qui se complètent pour que s'effacent la tension et l'angoisse. C'est une lutte qui a permis à de nombreuses âmes de comprendre le sens.

Le mois de Ramadan s'est invité chez nous, en nous, dans notre maison, dans notre cœur, dans notre famille, dans notre solitude parfois et il est reparti en laissant avec lui le goût de l'effort et l'odeur de la spiritualité.

Mérignac, le 20 Septembre 2009.

Appels

Je me souviens de cette nuit du 21 Décembre 1999. Un avion de la compagnie Syrian Air venait de me poser enfin sur le sol saoudien. Aéroport International de Médine. Je foulais pour la première fois de ma vie le sol de la Terre Sainte. J'entrais dans la ville où le Prophète Muhammad (bsdl*) avait accompli une partie de sa destinée. Sensation de rêve, un rêve intérieur où je m'abandonnais.

Arrivant de nuit, je voyais les minarets illuminant les environs de la Mosquée où Muhammad (bsdl) reposait. Tout à coup, l'appel à la prière se mit à retentir. On aurait dit que le son montait au ciel. J'avais l'impression que la terre entière était capable d'entendre et de répondre à cet appel. Les fidèles arrivaient, sans précipitation. Chacun était habillé à sa manière. Djellabas, kamis pakistanais, saris indonésiens, boubous, abacosts, voile intégral, voile

---

* Bénédiction et Salut de Dieu sur Lui

large, voile brodé… C'était devant mes yeux, le défilé du monde musulman. Les commerçants laissaient leurs magasins sans même abaisser les rideaux et les bureaux de change étaient abandonnés avec aux murs les devises du monde entier suspendues à des clous à l'aide de simples ficelles.

L'appel à la prière, ce soir-là pénétrait mes entrailles mieux que je ne l'aurais vécu dans aucun autre lieu. C'était profond. C'était comme un grondement au début de chaque envolée. On écoute les sons longuement, un à un. On les sent diminuer, reprendre de leur force et le cœur est balancé par cette voix qui apaise. Ceux qui sont loin, au-delà de la ville, peuvent le discerner comme un doux vent qui ramène et éloigne les sons. Parfois, il y en a plusieurs qui se répondent. Des appels qui font écho à d'autres appels. On est à côté et pourtant, cette mélodie nous attire loin, très loin, dans le souvenir de Bilal (QDA*), le premier homme à qui on a demandé de faire l'appel à la prière. Bilal (QDA) avait sûrement la plus belle voix pour honorer cette tâche. Depuis cette première résonnance, quatorze siècles sont passés, et des millions de minarets à travers le monde appellent chaque jour, cinq fois par

---

* Que Dieu l'agrée

jour, à dialoguer avec Dieu à travers les prières.

Aussi, il peut y avoir dans ces appels une telle puissance qu'ils peuvent déchaîner un flot de sentiments et d'émotions. Beaucoup l'ont vécu. Des paroles ne suffisent pas à certains pour aller mieux, mais le murmure lointain des minarets peut pénétrer une âme de gré ou de force. Ceux qui s'apaisent de ces sonorités les gardent en eux intensément. Ceux qui en ont une profonde aversion éprouvent le tremblement d'une angoisse qui ne finit pas. Personne ne pourrait déranger le balancier de ces mélodies de leur propre contemplation.

Bilal a gravé dans l'histoire, par le son de sa voix et la profondeur de son appel, une force qui aujourd'hui encore émeut au point que personne ne se sente insensible à ce message. On l'entend, on y répond ou on le laisse passer. C'est le chemin d'une retraite quotidienne parce que c'est une voix qui appelle un cœur qui est venu répondre en toute sincérité au doux mystère de sa spiritualité.

Mérignac, le 20 Septembre 2009.

« Fais bien, laisse dire... »

La nuit était déjà tombée depuis plusieurs heures. Terrible nuit qui angoisse ou douce nuit qui inspire. Chacun son moment d'émotion qui dépend de l'état dans lequel son cœur se trouve. Cette nuit-là, justement, il marchait lentement, d'un pas fatigué, épuisé par la vie, épuisé par les gens et leurs mensonges, les gens et leurs trahisons, leurs calomnies, leurs médisances et leurs hypocrisies. Tant de bien qui a fait place à tant de mal.

Il ne savait plus quoi penser de l'être humain et c'est dans ces moments-là qu'il s'en remettait souvent à Dieu. Il est parfois drôle de remarquer que lorsqu'on nous fait souffrir, on ne voit que le mal chez les gens et on ne se doute pas qu'il y a encore des personnes qui nous veulent du bien. Cela s'appelle la solitude des âmes désespérées. On doute de tout et de tous. Pourtant, il y a des signes qui ne trompent pas, des messages sur notre route qu'on ne voit pas immédiatement et sur lesquels on tombe sans vraiment l'avoir voulu.

Cette nuit-là, sur le chemin de la maison, ses yeux s'arrêtèrent brusquement sur une inscription gravée sur le linteau d'une demeure discrète. Il était écrit : « *Fais bien, laisse dire.* » Etait-il en train de rêver ? Il ne voulait même pas se l'imaginer. Lui qui avait le cœur gros ce soir-là, lui dont l'esprit essayait tant bien que mal d'analyser les derniers événements sans vraiment trouver de solution, venait d'être mis nez à nez face à la plus simple des recommandations : « *Fais bien, laisse dire.* » Quatre mots très lourds dans la balance des émotions. Que tu fasses le Mal ou que tu fasses le Bien, tu trouveras de manière certaine sur ta route des personnes pour te critiquer sans habileté, des personnes qui s'acharnent à détruire par des mots ce que tu construis avec le cœur. « *On ne peut pas plaire à tout le monde* » n'est-ce pas ? Et c'est tellement vrai. Les mots ont un énorme pouvoir. Ils peuvent construire et apaiser mais ce soir-là il se promit qu'il ne laisserait aucun mot le détruire. Alors « *Fais bien, laisse dire.* » Le proverbe arabe est beaucoup plus imagé : « *Le chien aboie, la caravane passe.* » Lorsqu'il aboie, le chien effraie plus qu'il ne blesse. La caravane elle, porte les provisions de son voyage. Ainsi, des paroles qui ont pour unique but de faire mal et les regards abaissants que portent certains sur d'autres n'auront jamais aucun pouvoir sur un cœur dont la confiance en soi et la détermination sont les plus belles provisions du voyage de sa vie.

Il faut savoir regarder les signes qui viennent sur notre chemin. Mais le problème des signes ne réside pas dans leur interprétation car on a souvent le réflexe de tourner leur signification à notre avantage. Il est juste besoin de les voir, de les écouter et d'en être apaisé. Tout peut être signe : une rencontre, un bonheur, un malheur, un objet, un sentiment, un chant d'oiseau, un silence... Tout ce qui vibre en soi est signe. « *Fais bien, laisse dire.* » Cette phrase lui rendit le sourire et il continua de marcher, replongé dans ses pensées mais déterminé à avancer.

Finalement, il se rendait compte que malgré son expérience de la vie il ne savait pas grand-chose. Il se disait même qu'il ne savait rien. C'était le vide complet dans son esprit comme s'il fallait tout refaire, comme un enfant qui redécouvre les mots, les sentiments et les idées. Il avait l'impression que durant toutes ces années un voile lui cachait le vrai visage de la réalité. Un voile tissé par qui ? Par quoi ? Quatre mots ont suffi à tout changer pour repartir. La vie est ainsi faite. Tu avances à la seule condition de lutter. L'épreuve toujours et partout. Ennemie et amie incontournable. Elle est souvent plus douce à côtoyer que les êtres. Qu'est-ce que l'homme sinon un être d'argile ? Que sont les hommes mauvais sinon des êtres de boue ?

Après quoi courons-nous ? L'amour, l'argent, le bonheur, et après ? Après tout cela que restera-t-il ? La réponse est dans les discours que les vivants laissent sur les morts. Ils ne retiennent que le bien et n'évoquent jamais ce que le défunt a laissé comme héritage matériel. Seul l'héritage moral compte. On en revient aux actes qui déterminent la valeur ou non d'un individu. Bien sûr que cette vie est belle ! Personne n'en doute... Mais elle se consume de seconde en seconde et d'heure en heure. Un jour passe comme une heure. Une année passe comme un jour. Tout nous échappe ou presque. Enorme défi que de maîtriser le temps, son temps. Il est déjà difficile de se maîtriser soi-même.

« *Fais bien, laisse dire* » et on ne retiendra que le Bien que tu as laissé à travers tes actes. Tes intentions ne regardent personne, vraiment.

Mérignac, le 22 Septembre 2009.

Prisonniers de la misère

Combien aujourd'hui peuvent se vanter d'avoir mené une vie sans embûches, sans accidents et sans errance ? Combien mettent en avant leur pureté morale, leurs bonnes mœurs héritées de leurs ancêtres et leur vie exemplaire ? Le bonheur absolu et sans entraves existe-t-il ? Est-il palpable ? La douce illusion du bonheur infini n'existe que dans le triste rêve des âmes naïves.

S'il est vrai qu'une vie est comme un jour, elle doit être nourrie d'expériences assez fortes pour ouvrir les portes du ciel. Vivre c'est entreprendre, risquer, aimer, souffrir parfois, être heureux souvent et construire sans jamais se détruire définitivement. Nombreux sont celles et ceux qui chaque jour se réjouissent de l'accomplissement de leur bonheur dans une existence où la lutte est l'un des seuls vrais défis pour arriver à cette plénitude. Chacun vit pour construire son confort et celui des siens. C'est comme l'angoisse de la fin de vie. On veut finir ses jours heureux et sans tracasseries, à l'abri du besoin.

Alors, il y a les autres, celles et ceux qui ne peuvent rien construire, à cause d'une volonté niée et quasiment inexistante. Ils paraissent libres dans leur tête mais prisonniers de leur misère. Ils sont là, chaque jour, au détour d'une rue, d'un trottoir, d'un parc ou d'un pont. Pourtant, lorsqu'on les voit, des sentiments contradictoires nous traversent.

D'abord, il y a l'envie de les aider à s'en sortir. Très peu passent à l'action parce que cela nécessite un don de soi immense. Cela se termine le plus souvent par une pièce glissée discrètement et rapidement dans le creux de leur main. Ensuite il y a ceux qui refusent de croiser leur regard, comme s'ils avaient peur de leur adresser la parole, peur de les faire entrer dans leur univers. Enfin, il y a ceux qui s'attachent à croire encore au mythe du faux-miséreux, de celui qui fait semblant. Cela me rappelle ce jour où une vieille dame roumaine demanda une pièce à un homme qui transpirait la bourgeoisie. Celui-ci, d'un regard hautain lui lança : « *Vous êtes plus riche que moi ! Je n'ai rien à vous donner.* » Cela voulait vraiment dire de manière dramatique : « *Je suis riche ! Mais vous l'êtes encore plus.* » D'après lui, cette veille femme faisait semblant d'être pauvre.

On a du mal à y croire mais beaucoup encore se contente de ce raisonnement pour justifier leur refus à donner. Chacun est libre mais l'être humain donne difficilement en toute humilité et en toute discrétion. Ne dit-on pas que lorsque tu donnes « *ta main gauche ne doit pas savoir ce que ta main droite à donné* » ? Malheureusement, la règle d'aujourd'hui est de montrer qu'on donne pour prouver notre générosité. Quelle illusion ! Donner à ceux qui n'ont rien au regard de ceux qui n'ont pas assez pour aider, de manière à se placer comme un être de pouvoir. Ainsi, le pouvoir de jeter quelques pièces est utilisé comme un pouvoir sur l'autre, sur celui qui est plus bas que soi.

On ne réfléchit pas assez au fait que personne réellement n'est à l'abri de la misère. Une vie bascule tellement facilement, comme une plume soufflée par le vent. On peut tout perdre dans l'arrogance et on a tout à gagner à être humble et généreux. La sagesse : plus tu aides, plus tu as les moyens d'aider. Plus tu gardes, plus tu es prisonnier de tes biens. Ils te hantent, tu as peur qu'on t'en prive. Tu as tellement chez toi mais tu as si peu en toi. Tu as peur de tout perdre. Le don est une reconnaissance alors que l'avarice est une trahison.

J'en ai croisé, des femmes et des hommes qui n'ont eu besoin de personne pour se sortir de la rue et de sa misère. Mais il y a ceux qui y restent, qu'on croise aux mêmes endroits chaque jour, chaque mois, chaque année. Une volonté prisonnière de l'alcool, des drogues et d'autres dépendances plus terribles. Une volonté évaporée dans une vision de la vie presque animale, la jungle du chacun pour soi et, tristement, ceux qui n'ont rien se combattent quand même pour quelque chose : un banc, une bouteille, une dose, une barrette, une place pour dormir, une couverture ou que sais-je encore ?

Désespoir d'une vie. Ceux qui l'ont vécue savent que l'expérience de la misère est une école. On ne vit que de l'essentiel : du pain, de l'eau et souvent d'un sourire qui passe, qui apaise et qui fait espérer. Tandis que ceux-là se demandent s'ils pourront manger demain, d'autres, plus à l'abri, se demandent ce qu'ils vont manger demain ? Triste contraste entre l'angoisse de ne rien avoir et l'angoisse de ne savoir que choisir.

Mérignac, le 29 Septembre 2009.

Lire pour mieux écrire

Il y a dans l'intimité secrète d'un livre, une conversation entre le cœur qui lit, l'esprit qui comprend et les mots de l'auteur qui s'enfoncent en soi. Il est vrai que pour une personne qui souhaite se mettre à la lecture, la paresse est la première ennemie. Ennemie du savoir, de la magie des phrases et de la facilité littéraire. De nombreux écrivains vous diront que cette même facilité littéraire n'est pas innée, mais acquise. Sans doute que la sensibilité aux choses de la vie est innée, mais savoir utiliser le mot qu'il faut, pour transmettre l'idée précise au lecteur, cela s'acquiert. Il est beau de lire, de comprendre, de s'imprégner des mots, de chercher leur signification pour les retenir à jamais.

On invoque souvent le temps qui s'envole et qui ne nous donne pas la possibilité de lire comme on le voudrait. Certains parlent de *temps perdu* à ne rien faire. Il serait préférable de parler de *temps inexploité*. On entend dire souvent qu'un habitant de la région parisienne est capable de lire un roman d'une centaine de pages en une semaine, vu les heures passées dans les moyens de transport. Tout n'est finalement qu'une question de gestion. Gestion de sa volonté surtout. S'élever par les mots, se libérer par leur sens et s'en imprégner pour mieux être compris de tous.

Les meilleurs moments pour s'évader dans une lecture sont ceux où l'on est parfois seul dans une chambre, lorsque le jour ne s'est pas encore levé. L'esprit flotte encore dans le doux confort du repos nocturne. On se sent léger, clairvoyant et lucide. Sentiment d'un pouvoir intellectuel et spirituel. Etre éveillé pour s'éduquer lorsque tout le monde dort. Les yeux du lecteur passionné sont souvent brûlés par l'absorption des mots, des yeux brûlés par les larmes lorsque les sentiments se partagent. C'est toujours ce fameux sentiment qui passe et qui vous prend à la gorge, cet arracheur de larmes qui apaise ou qui fait souffrir votre âme.

On s'abreuve de chaque page parce que plus on lit, plus on a soif de découvrir. Pages secrètes, pages qui nous parlent, pages assourdissantes d'émotions, pages muettes… Tout entre à l'intérieur de nous. Il peut arriver que l'on partage l'histoire et la vie d'un personnage. Celui-ci nous passionne tellement qu'il nous semble être à nos côtés ou derrière nous, promenant son regard sur les lignes de sa vie, nous dévoilant son intimité. On sentirait presque son souffle.

Tous ces romans de vie et toutes ces philosophies nous renvoient à la richesse intérieure de celles et ceux qui les ont écrits. Les Balzac, Zola, Georges Sand, Madame de Staël, Platon, Kant, Bachelard, Averroès, Avicenne, Al-Ghazâli, les historiens, les essayistes, les intellectuels d'hier et d'aujourd'hui ; ils ont tous transmis la lumière de leur intelligence et leur amour du savoir. Transmettre pour ne jamais éteindre la flamme de la science des mots, de la science des vers, de la science tout court.

Le savoir est une arme en ce cens où il libère de la prison de l'ignorance. Etre impuissant et faible dans le discours c'est être enfermé dans une paresse intellectuelle qu'on n'a pas voulu vaincre. Rayonner par son savoir et la maîtrise du verbe c'est cela la vraie liberté. Lire pour mieux écrire, écrire pour mieux être compris et être relu sans cesse, avec intensité et dans l'amour de celles et ceux qui rêvent des mots les plus doux et des sentiments les plus profonds.

Mérignac, le 30 Septembre 2009.

Nouvelle vie

Les yeux viennent de s'ouvrir sur cette nouvelle ville qui scelle une énième étape dans la vie. Le regard se pose sur ces gens nouveaux qui vont faire partie d'une vie différente. C'est une contemplation, semblable à celle de l'aube qui naît sur le fleuve, pour ainsi faire comprendre que se lève un jour plus beau encore. Tout est nouveau à ce regard sauf les êtres. Ils sont différents dans leurs manières, leur histoire, leur culture aussi, mais ils demeurent les mêmes êtres qu'ailleurs dans le monde, avec leurs besoins, leurs envies, leurs tensions et leur humanité.

Au bout de quelques heures, le soleil domine cette ville de tout son éclat. Regards de joie, attitudes de vacances, regards tristes, aimables ou tranquilles, regards de mépris ou de séduction. Les gens quoi ! Comme on les aime, comme on les connaît et comme ils se méconnaissent eux-mêmes. On entend souvent dire que le regard de l'autre te perçoit comme tu es incapable de te voir. Si l'on arrivait à se regarder de l'extérieur quotidiennement, on rirait souvent. Il serait utile de marcher avec un miroir qui refléterait ce que nous sommes incapables de soupçonner de notre comportement. C'est une réflexion sur notre intérieur, mais peu de monde encore s'attache à cet effort.

Les yeux s'ouvrent aussi sur des rues pleines ou vides, des rues qui portent la trace d'une histoire aussi belle que douloureuse. On apprend à vivre avec, parce que nous ne sommes pas responsables de ce qu'ont fait nos prédécesseurs. Marchons donc avec le poids de ce passé dans un présent maîtrisé avec maturité, tout en gardant en nous les leçons des douleurs de l'injustice. Des siècles de souvenirs vibrent dans ces rues, mais on y marche, comme si nous étions les premiers à les avoir foulées.

Nouvelle vie. Nouvelle ville. Nouveau départ. Tant d'êtres chers laissés qui vivent votre départ et votre absence comme un deuil. Tant de souvenirs gravés sur les murs de nombreuses villes, dans la solitude d'un bord de mer, dans la plénitude d'un coucher de soleil amoureux, dans l'obscurité d'une déchirure violente ou dans la rencontre d'un regard aimant et prêt à tout pour panser vos plaies. Souvenirs qui émergent toujours de cet incompréhensible abîme de l'oubli. Parlons-en. Qu'est-ce que vraiment l'oubli ? Un défaut de la nature humaine ou un bienfait ? Il est une immense qualité pour qui sait oublier pour pardonner. Il est un bienfait pour qui souhaite donner du répit à son âme, le temps de laisser le poids de la douleur s'en aller un moment. Ne jamais oublier c'est être prisonnier des souvenirs, même les plus terribles.

On entend souvent l'histoire de cet homme qui avait demandé à ne plus jamais oublier les moindres instants de son existence. Il voulait ainsi pouvoir tout raconter, tout revivre, se rappeler chaque personne rencontrée pour ne jamais risquer de vexer par l'oubli d'un prénom ou d'un événement. Il souhaitait ceci plus que tout au monde. Son vœu fut exaucé et marqua le début d'une grande illusion car c'était sans compter avec les souvenirs qui déchirent l'âme et le cœur. Il ne voulait garder que le meilleur mais il en était incapable. Il mourut seul, écrasé par les souvenirs. Perdre la mémoire est dur. Ne jamais oublier l'est encore plus.

Nouvelle vie qui commence, sans jamais se défaire des beautés et des laideurs de son passé. On doit vivre avec, tout simplement. Tant que le ciel bleu nous sourira encore, il y aura beaucoup d'espoir dans cette vie. L'essentiel nous échappe et pourtant il est à notre portée de manière quotidienne.

La fenêtre s'ouvre dans cette nouvelle

chambre. On découvre un monde qui va devenir familier. Les mêmes oiseaux libres qui chantent. Leur mélodie du matin nous amène dans ce qu'il y a de plus beau et de plus sage : « *chaque jour est une nouvelle vie, chaque jour est une quête pour notre subsistance, celle de notre corps autant que celle de notre âme.* »

Il est important de devenir maître de soi et de ne jamais tomber dans le danger d'une paresse. Il y a tellement à faire, tellement à donner, tellement à apprendre, tellement, tellement...

Souvenirs des êtres chers, rencontre de nouveaux êtres, de sentiments renouvelés sans cesse, de nouvelles amours sans doute, tout en sachant que l'amour lui-même n'est pas inépuisable. Triste angoisse. Chaque étape de la vie, doit nous amener à être mieux envers nous-mêmes et envers les autres. Désormais, il ne faut plus dire : « *J'aurais dû...* » ou bien « *J'aimerais revenir en arrière* ». Il faut tout simplement se dire : « *Je refuserai à ma vie de suivre ce qui la précipitera dans le regret.* »

Libourne, le 03 Octobre 2009.

« *Il n'y a pas d'évolution
sans épreuves ;
alors aimez l'épreuve
comme une sagesse.* »

« La langue du coeur est la langue que tout le monde parle »

Romain Rolland

Table des matières

Imprimé en France

www.ingramcontent.com/pod-product-compliance
Lightning Source LLC
Chambersburg PA
CBHW070457130626

46555CB00003B/1051